AF496204

SAINT BERNARD

LEÇON D'OUVERTURE

DU

COURS COMPLÉMENTAIRE D'HISTOIRE

Professé à la Faculté des Lettres de Lyon

PAR

M. E. LÉOTARD

ANCIEN ÉLÈVE DE L'ÉCOLE NORMALE SUPÉRIEURE, DOCTEUR ÈS LETTRES

LYON

IMPRIMERIE PITRAT AINÉ

4, RUE GENTIL, 4

—

1876

SAINT BERNARD

SAINT BERNARD

LEÇON D'OUVERTURE

DU

COMPLÉMENTAIRE D'HISTOIRE

Professé à la Faculté des Lettres de Lyon

PAR

M. E. LÉOTARD

ANCIEN ÉLÈVE DE L'ÉCOLE NORMALE SUPÉRIEURE, DOCTEUR ÈS LETTRES

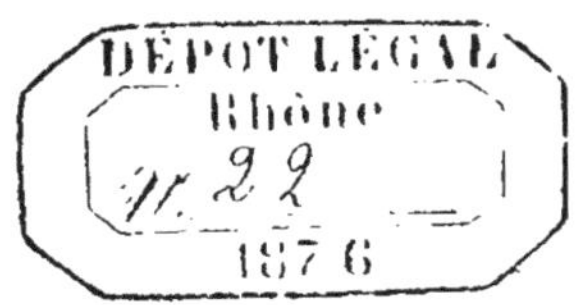

LYON

IMPRIMERIE PITRAT AINÉ

4, RUE GENTIL, 4

—

1876

SAINT BERNARD

MESSIEURS,

En remontant pour la troisième fois dans cette chaire, je vous demande la permission de remercier M. le Ministre, qui a bien voulu m'accorder un nouveau témoignage de sa haute bienveillance et consacrer ainsi ce modeste enseignement. Je suis heureux en même temps de payer un juste tribut de reconnaissance à l'éminente Faculté des Lettres, sous le patronage de laquelle il est placé. Enfin, comment pourrais-je oublier le public lyonnais dont l'accueil, plein de sympathie, a soutenu, encouragé mes premiers efforts ?

Je n'avais point rempli, l'année dernière, le programme que nous nous sommes tracé. Je reprends donc nos études sur les Croisades. Ces études, si je ne me trompe, ont paru vous intéresser, et, pour ma part, j'y tiens beaucoup, parce qu'elles me semblent tout à fait opportunes. Je vous ai laissés, vous vous en souvenez, au moment où la ville d'Édesse vient de tomber au pouvoir des infidèles, où la nouvelle de ce grand désastre se répand en Europe, produit dans toute la chrétienté une immense, une profonde sensation de douleur et détermine la seconde Croisade.

Le véritable héros de la seconde Croisade est saint Bernard, qui en fut le prédicateur et l'apôtre. Aussi l'appellerais-je volontiers la

Croisade de saint Bernard, bien qu'elle ne soit pas désignée sous ce nom par les historiens. Arrêtons-nous, messieurs, devant cette grande et belle figure de saint Bernard ; elle mérite d'attirer nos regards et de fixer notre attention.

L'abbé de Clairvaux, je ne crains pas de le dire, a été le premier homme de son siècle. Par ses idées, par ses tendances, par ses aspirations, par son caractère comme par ses vertus monastiques, il reflète admirablement le temps où il a vécu, il est la personnification vivante, complète, de ce douzième siècle qui eut ses agitations et ses luttes, mais qui fut avant tout un siècle de foi et qui a préparé, ne l'oublions pas, le treizième siècle, l'un des plus grands de notre histoire. Saint Bernard a été mêlé à tous les principaux événements de son temps ; aucune des questions politiques, sociales, religieuses et philosophiques qui préoccupaient alors les esprits ne lui demeura étrangère ; il exerça sur ses contemporains une autorité, une puissance incomparable, et ce prestige merveilleux , il le dut moins à son génie qu'à l'ascendant de sa vertu, disons le mot, de sa *sainteté*.

Deux amours résument et expliquent toute sa vie : l'amour de l'Église et l'amour de la vérité. Saint Bernard aimait l'Église ; il en a été le fils soumis et dévoué, il s'est montré le plus ferme défenseur, le gardien le plus vigilant de ses dogmes, de ses institutions, de sa hiérarchie. Il aimait la vérité ; qui peut en douter, quand on le voit attaquer, poursuivre sans trève et sans merci, sous toutes leurs formes, le mensonge et l'erreur, élever sa voix redoutable et toujours redoutée contre les vices, contre les abus, de quelque côté qu'ils vinssent, de quelque nature qu'ils fussent ? Il aimait aussi la France ; son influence européenne, universelle, a été surtout une influence française ; avec lui et par lui le nom de la France a grandi, rayonné, se faisant bénir, laissant partout le souvenir et la trace de nombreux bienfaits. Il faudrait un Plutarque français et chrétien pour vous retracer cette vie si humble, mais si bien remplie, qui ne s'est pas démentie un seul instant, qui fut, selon l'expression d'un des biographes de saint Bernard, un heureux mélange de bonté et d'austérité, de douceur et de fermeté, cette vie où le moine, le théologien, le missionnaire, le philosophe, le prêtre et le citoyen s'unissent et se confondent dans une admirable harmonie. J'essaierai seulement de vous l'esquisser. Ce sera une introduction toute naturelle à nos études de cette année.

Saint Bernard appartient par sa naissance à cette province de Bourgogne qui a fourni tant d'hommes éminents, les Bossuet, les Buffon, les Lacordaire, pour ne citer que les plus grands noms. Il naquit en l'an 1091, cinq ans avant la première prédication de Pierre l'Ermite, aux portes de Dijon, dans le village de Fontaines ; on y montre encore aujourd'hui la maison où le saint vint au monde. Il avait du sang noble dans les veines. Son père, Tecelin le Blond, seigneur de Fontaines, descendait d'une des meilleures et des plus anciennes familles du pays, où la bravoure était héréditaire. Sa mère, la pieuse Aleth, était fille du comte de Montbard. Sa noblesse ne le cédait en rien à celle de son mari. Elle eut sept enfants, six garçons et une fille ; contrairement à l'usage alors suivi par les grandes dames, elle les nourrit tous de son propre lait, disant qu'il lui répugnait de confier leur nourriture au sein d'une femme étrangère et qu'elle voulait leur communiquer, avec le lait maternel, ce qu'une mère a de meilleur à donner à ses enfants.

Saint Bernard était le troisième fils de Tecelin et d'Aleth. Sa mère prit de son éducation un soin particulier et le voua dès le berceau au service de Dieu, lui transmettant de bonne heure sa piété et les rares qualités dont elle était douée. Il fit ses études à Châtillon-sur-Seine, dans une de ces écoles publiques ouvertes dès le commencement du onzième siècle dans les principales villes, à Reims, à Poitiers, au Mans, à Auxerre, à côté des églises et sous la direction de religieux dont la science égalait la vertu. C'étaient les colléges du temps. L'école de Châtillon jouissait d'un grand renom, d'une légitime célébrité. On y avait adopté la nouvelle méthode d'enseignement introduite par les scolastiques. On y enseignait, nous disent les auteurs contemporains, la sagesse du siècle, *sæcularis sapientia*, et un grand nombre d'écoliers y affluaient de toutes parts, venaient s'y grouper autour des chaires de ses professeurs. Les progrès du jeune Bernard furent rapides ; il ne tarda pas à se distinguer entre ses camarades, remporta de brillants succès, apprit à écrire et à parler la langue latine avec une élégante facilité qu'on retrouve dans ses lettres et dans ses divers ouvrages. Il cultiva la poésie et se passionna même avec excès pour les belles-lettres, car c'était une nature ardente. A dix-neuf ans, quand il eut terminé ses études, obtenu, comme nous dirions aujourd'hui, son diplôme de bachelier, il quitta Châtillon pour retourner au foyer paternel.

Qu'allait faire le jeune Bernard? Dans quelle voie allait-il s'engager? Le moment de choisir une carrière, moment solennel et qui décide de la vie tout entière, approchait. Son père le destinait à la profession des armes, profession qu'il avait exercée lui-même avec honneur et dans laquelle s'étaient illustrés ses aïeux. Mais ce n'était point là sa vocation. Six mois s'étaient à peine écoulés depuis son retour à Fontaines que sa mère lui fut enlevée. Cette mort fit sur Bernard une grande et profonde impression. Elle acheva de le détacher du monde et fixa son choix d'une manière irrévocable. Il résolut, pour accomplir le dernier vœu de celle qu'il avait tant aimée et à qui il devait tant, de renoncer à tous les avantages que lui assuraient sa naissance, sa fortune, sa jeunesse, son talent, et de se consacrer exclusivement à la vie religieuse. On vit alors ce jeune homme de vingt ans, à la chevelure blonde, à la peau fine, à la taille élancée, dont l'extérieur reproduisait la noble image de son père et dont l'âme était l'âme de sa mère (tel est le portrait que nous en fait le moine Geoffroy, son contemporain et son biographe), s'enfermer à Châtillon dans la maison d'un de ses anciens condisciples, avec d'autres jeunes gens de son âge sur lesquels s'exerçait déjà l'ascendant de sa supériorité. Là, dans un petit cénacle, Bernard, préludant au gouvernement des âmes, s'appliqua à faire régner la discipline et l'esprit de l'Évangile, jeta les fondements de la communauté de Châtillon, image imparfaite, première ébauche de la grande communauté de Cîteaux.

Cîteaux! Je viens, messieurs, de prononcer un nom que saint Bernard a rendu historique et qui devait passer avec lui à la postérité. Le douzième siècle était appelé à voir grandir, se développer, arriver à son apogée une des plus grandes institutions du moyen âge, celle des ordres monastiques, dont a dit tant de mal et dont il y a tant de bien à dire. C'est le siècle de la fondation de la Grande-Chartreuse, de Prémontré, de Fontevrault, de Grandmont, de Cîteaux, de Clairvaux; c'est le siècle des saint Bruno, des saint Norbert [1],

---

[1] L'ordre de Prémontré, fondé en 1120 par saint Norbert, était un ordre réformé de chanoines réguliers de Saint-Augustin.

des saint Étienne, des saint Bernard, presque tous disciples et imitateurs de saint Benoît, dont ils cherchent, sous des formes et des costumes divers, à faire revivre dans sa pureté primitive l'austère et antique règle. Quel épanouissement ! Quelle efflorescence ! J'aurai à revenir sur ces colonies de moines répandues sur toute la surface de la France et de l'Europe, jusqu'au delà des mers, sentinelles avancées du christianisme et de la civilisation, comme ces anciennes colonies militaires de Rome qui portaient partout avec les aigles romaines les dieux, les lois et les institutions de la métropole.

A quelle porte allaient frapper Bernard et ses compagnons? Dans quel milice, sous quelle bannière allaient-ils s'enrôler? Ils ne choisirent pas cette vieille abbaye de Cluny, dont la richesse et la gloire étaient sans rivales, dont on pouvait presque dire ce qu'on a dit plus tard de Charles-Quint et de Philippe II, que le soleil ne se couchait point sur ses domaines, mais la plus modeste, la plus pauvre de ces maisons religieuses nouvellement écloses et sorties pour la plupart du fond des déserts. Cîteaux était situé dans le diocèse de Châlon, à quelques lieues de Dijon. Tous les auteurs du temps nous représentent ce lieu comme une solitude inaccessible, dont la nature sauvage n'avait jamais été adoucie par la main de l'homme. Quelques moines, quelques religieux pénètrent dans cette obscure et impénétrable forêt, viennent y planter la croix avec leurs tentes et aussitôt l'aspect change. Ils défrichent le sol, car leur vie est partagée entre le travail et la contemplation, ils font germer de belles moissons sur cette terre qui n'avait produit jusqu'alors que des ronces et des épines.

Ce fut un jour mémorable pour la communauté de Cîteaux que celui où elle vit arriver une troupe de nouveaux frères qu'elle n'attendait point. Ils étaient trente ; à leur tête marchait un tout jeune homme. Le petit bataillon traverse lentement la forêt et se présente à la porte du monastère. Saint Étienne, le chef de la communauté, se sent le cœur ému d'un doux pressentiment et les accueille. Bernard se jette à ses pieds, ses compagnons se prosternent et demandent avec humilité leur admission au monastère. Quelle éloquence, messieurs, dans ce simple récit de Guillaume de Saint-Thierry ! Quelle scène digne du pinceau d'un Raphaël ! Bernard avait alors vingt-trois ans ; c'était l'an 1113, quinze années après la fondation de la maison. A partir de ce jour les destinées de Cîteaux furent toutes différentes de ce qu'elles avaient été auparavant. On a comparé, non sans raison, l'entrée de saint Bernard et de ses compagnons à une seconde naissance de l'Ordre.

Bernard était fait pour cette vie de contemplation, de travail et d'étude. Il savait mieux que personne lire dans le livre de la nature. Il avouait, nous raconte un de ses biographes, que c'était principalement dans les champs et dans les bois qu'il recevait l'intelligence des Écritures, et avait coutume de dire fort agréablement que ses meilleurs maîtres étaient les hêtres et les chênes. Ces paroles de saint Bernard me rappellent les *Voix du silence* de notre grand poëte lyonnais, ces beaux vers où sa muse austère et chrétienne sait si bien interpréter le langage de la création.

Le nouveau moine de Cîteaux avait le don d'attirer tout à lui par une sorte de séduction irrésistible et dont il possédait seul le secret. Il gagna successivement tous ses parents, son oncle, ses frères, son père, sa sœur, et après ses parents ses amis, après ses amis les étrangers eux-mêmes, ceux qui ne lui étaient unis que par les liens de la fraternité chrétienne. Alors commence cette longue et glorieuse lignée des filles de Cîteaux, dignes de leur mère et dont l'une devait éclipser toutes ses sœurs. Je veux parler de Clairvaux, de cette illustre abbaye, mère elle-même d'une nombreuse postérité et à laquelle est attaché le nom de saint Bernard, comme l'époux est attaché à l'épouse, car ce fut un véritable mariage, mariage indissoluble jusqu'à la mort.

La vallée de Clairvaux, dans le pays de Langres, était un lieu inhabité, désert et presque inaccessible, comme Cîteaux. On n'y voyait que des marécages et des forêts. Elle servait depuis un temps immémorial de repaire aux voleurs et s'appelait la *Vallée amère*, la *Vallée d'absinthe*. Saint Bernard la transforma, en fit l'asile de la prière, de la pénitence et du travail. Il avait bien le droit dès lors de lui donner un nom plus conforme à la vocation de ses nouveaux hô'es ; il la nomma la *Vallée de lumière (clara vallis)*, *Clairvaux*, symbolisant ainsi les rayons éclatants qui, comme ceux du soleil, allaient s'échapper de ce petit coin de terre et se répandre sur le monde pour le réchauffer et le vivifier.

Les commencements de la jeune colonie cistercienne furent mcdestes et laborieux. Elle se composait d'un simple détachement de douze moines envoyés par l'abbé de Cîteaux qui leur avait donné en partant pour tout héritage la croix et sa bénédiction. Parmi ces douze moines se trouvaient Bernard, son oncle et ses frères et deux de ses cousins. Lui-même, bien que le plus jeune, fut désigné comme abbé, c'est-à-dire comme chef de la nouvelle communauté. Quelle charge, quelle responsabilité pour un jeune homme de vingt-cinq ans! Il fallut tout créer, subvenir à tout. Les moines mirent immédiatement la main à l'œuvre; ils travaillèrent d'abord sans relâche à la construction du monastère, mais c'était peu d'avoir un abri. Comment se nourrir? Comment se procurer du pain? Ils étaient arrivés après la saison des semailles. Ils eurent beaucoup de peine à recueillir un peu d'orge et de millet; la plupart du temps ils ne vivaient que de feuilles de hêtres cuites dans de l'eau et du sel. Par surcroît l'hiver fut long et rigoureux. Les habitants des contrées voisines, il est vrai, leur vinrent en aide pour défricher le terrain et bâtir de petites cellules. N'était-ce pas un immense bienfait pour toute la contrée que la venue de ces hommes qui apportaient avec eux la paix, l'édification de l'exemple et l'inépuisable fécondité de leur charité? Bernard ne se décourageait jamais. Un jour, raconte un pieux chroniqueur, le sel vint à manquer. Bernard dit à l'un de ses frères: « — Guilbert, mon fils, prends l'âne et va acheter du sel au marché. » Le frère répliqua : « Mon père, me donnerez-vous de quoi payer? — Ayez confiance, répondit l'homme de Dieu; car pour de l'argent, je ne sais quand nous en aurons; mais là-haut est celui qui a ma bourse et mon trésor. » Guilbert sourit et, regardant Bernard, il lui dit : « — Mon père, si je m'en vais les mains vides, je crains fort de revenir les mains vides. — Va toujours, reprit Bernard, et va avec confiance; je te le répète : celui qui possède nos trésors sera avec toi en chemin et te fournira ce qui te sera nécessaire. »

Je ne puis m'empêcher, messieurs, de rapprocher de ces commencements de Clairvaux ceux de Flavigny. La ressemblance est frappante. C'était en 1848. Sept religieux dominicains, envoyés de Chalais, vinrent prendre possession de Flavigny; ils furent reçus par les habitants avec une simplicité cordiale où l'on retrouve en plein dix-neuvième siècle, comme un parfum lointain des primitives légendes de la vie monastique. On alla à leur rencontre ; de toutes parts on apporta au couvent des sacs de navets, de pommes de terre, de farine, du vin et de l'huile. « Les commencements de Flavigny furent très-pauvres, a écrit lui-même le P. Lacordaire. Je me souviens que dans les premiers jours il n'y avait que huit chaises dans toute la maison ; chacun portait la sienne où il allait, de sa cellule au réfectoire, du réfectoire à la salle de récréation, et ainsi du reste. Mais cet état de détresse ne dura pas. Un comité d'ecclésiastiques et de laïques se forma à Dijon, sous la présidence de l'évêque, pour nous assurer quelques ressources, et pendant plusieurs années nous lui dûmes une charité que nous n'avions point encore rencontrée sous cette forme [1]. »

Encore quelques années, en effet, et les rôles seront changés ; ce sera le couvent qui, à son tour, nourrira les pauvres de la contrée. Nous lisons aussi dans les annales de Cîteaux que, durant une année de famine et de disette, le monastère adopta jusqu'à trois mille pauvres et que, par la prévoyance du saint abbé, comparable à celle de Joseph chez Pharaon, il fut le grenier d'abondance de toute la Bourgogne.

Saint Bernard devint le centre et l'âme de Clairvaux. La communauté prit, sous sa direction, un rapide, un immense essor. Bientôt, malgré les agrandissements successifs des bâtiments, le monastère ne suffit plus à la multitude des nouveaux moines, dont le nombre s'éleva jusqu'à sept cents. Il fallut, nous dit le moine Geoffroy, témoin de ce prodigieux développement, que les plus anciens se tinssent hors de l'église, où les novices seuls trouvaient place pendant l'office. La réputation de saint Bernard et de son ordre ne tarda pas à être universelle, à franchir toutes les distances, toutes les limites, toutes les barrières naturelles. Il était connu, non-seulement en France, en Allemagne, en Italie, mais dans les provinces les plus reculées de l'Espagne, et au nord jusque dans les îles lointaines du Danemark et de la Suède. De toutes les contrées il recevait des lettres, de tous côtés on lui envoyait des offrandes ; tout le monde lui demandait des prières, tout le monde voulait des religieux formés à son école. Cette volumineuse correspondance de saint Ber-

---

[1] *Notice sur le rétablissement en France des Frères Prêcheurs.*

nard, dont une notable partie nous a été conservée, est peut-être le plus beau, le plus précieux monument historique et littéraire du moyen âge. On y voit figurer des moines, des abbés, des évêques, des cardinaux, des patriarches, des papes, des princes, des ministres, des rois et des empereurs, l'élite de la société laïque et ecclésiastique du temps, toutes les sommités contemporaines. Elle nous peint admirablement l'abbé de Clairvaux et son siècle. Y a-t-il une question importante à traiter ou à résoudre dans l'Église et en dehors de l'Église, un danger à signaler, un péril à conjurer, une erreur à confondre, une guerre sainte à prêcher, une querelle à apaiser, une conversion, une réconciliation à opérer, une mission à remplir auprès de la cour de Rome, des grands ou du peuple? Bernard est là toujours prêt; c'est lui qu'on appelle, qu'on va chercher au fond de sa retraite. Il faut qu'il vienne, qu'il parle, qu'il prononce en dernier ressort, car il est le grand arbitre des choses divines et humaines, le maître des chrétiens, le guide et la lumière du Saint-Siége.

Bernard se plaint de tout ce bruit qui se fait autour de lui et de son nom, de ces préoccupations extérieures qui viennent sans cesse l'assaillir, le harceler, l'arracher malgré lui à sa vie contemplative. Il en gémit. « C'est une folie des hommes, s'écrie-t-il; on fait de moi la *chimère* de mon siècle ; je ne suis plus rien, ni du monde, ni de Dieu ! » Il se trompait, car, selon le mot heureux et profond de Michelet, le solitaire se prêtait au monde, mais ne s'y donnait pas. L'action, l'influence qu'il exerçait au dehors ne l'empêchait point d'être le modèle, le type accompli du moine. Figurez-vous saint Bernard obligé, comme les ministres, comme les hommes d'État, de s'adjoindre un secrétaire particulier pour expédier les affaires courantes, pour répondre aux demandes, aux consultations, aux lettres qui lui arrivaient chaque jour.

Sa complexion faible et délicate, sa santé débile et chancelante ne pouvait résister longtemps à de pareils assauts. Il tomba malade. On le crut perdu. Son évêque, le fameux Guillaume de Champeaux, exigea qu'il fût complétement déchargé, pendant une année, de tous les soins spirituels et temporels du monastère. Il lui fit construire une habitation isolée, hors de l'enceinte du cloître, et confia le malade à un médecin dont les ordonnances durent être rigoureusement exécutées. Malheureusement ce médecin, véritable empirique, indigne de la réputation dont il jouissait, n'avait ni science, ni conscience. Bernard fit acte d'obéissance, se soumit aux exigences plus ou moins ridicules de son médecin, tout en protestant au nom de la raison et du bon sens. « Je suis bien, disait-il, parfaitement bien, car auparavant des hommes raisonnables m'obéissaient, tandis que, par un juste jugement de Dieu, j'obéis maintenant à un homme sans raison. » Néanmoins le malade guérit et put reprendre la vie commune jusqu'à ce que l'équilibre se rompît de nouveau.

Bernard offrait un contraste étrange et bien remarquable, qui a frappé tous ses contemporains. Dans ce corps miné par la fièvre, usé par la souffrance et les infirmités, se trouvait une âme vigoureuse et fortement trempée, maîtresse d'elle-même et du corps qu'elle animait, sur lequel elle réagissait sans cesse. Jamais homme ne justifia mieux la belle définition de l'âme donnée par Socrate : *L'âme, c'est ce qui se sert du corps.* Le trait suivant, que j'emprunte à l'un des biographes du saint, suffira pour vous donner une idée de la puissance qu'il exerçait sur ses sens, de la manière dont il les avait domptés. Il cheminait durant tout un jour le long du lac de Genève, de ce lac aux aspects pittoresques et ravissants. Il ne le vit en aucune manière ou remarqua si peu qu'il l'avait vu, que le soir, à la couchée, ses compagnons s'étant pris à parler du lac, il leur demanda où il était et les confondit d'étonnement.

Je n'ai pas le temps, messieurs, de passer en revue tous les actes, toutes les paroles de cet homme extraordinaire. Sa vie politique me fournirait à elle seule le sujet d'une longue et intéressante étude, mais il faudrait pour cela vous faire en partie l'histoire du temps, des divisions qui existaient dans l'Église et dans l'Empire, des révoltes des Romains contre les papes. Je me borne aux grandes lignes, aux traits les plus saillants. Je voudrais vous dire quelques mots de ses prédications, de ses voyages signalés par d'éclatants miracles et qui furent une suite d'ovations, une série de triomphes. Il parcourut successivement la France, l'Allemagne et l'Italie, prêchant la parole de Dieu, appelant les rois et les peuples à la défense de la Terre Sainte, rendant la santé aux malades, la vue aux aveugles, l'usage de leurs membres aux paralytiques et aux infirmes, soulevant les masses comme les avait autrefois soulevées Pierre l'Ermite. Partout, sur les bords du Rhin, sur les rives du Pô et du

Tibre, à Constance, à Cologne, à Spire, à Aix-la-Chapelle, à Rome,
à Milan, à Gênes, à Pavie, à Pise et à Plaisance, les populations
l'acclament, l'accueillent avec transport, avides d'entendre cette
parole de feu qui pénètre les âmes. A Milan surtout, dans cette
grande ville qui défendait alors, de concert avec la papauté, les
libertés italiennes contre l'empire germanique, l'enthousiasme fut
indescriptible. Dès que les Milanais eurent appris que le saint abbé
approchait de leurs frontières, tout le peuple vint au devant de lui
jusqu'à sept milles de la cité, nobles et vilains, cavaliers et piétons,
gens de moyen état et pauvres. Tous veulent lui baiser les pieds ;
on se presse, on s'arrache les poils de l'étoffe dont il est vêtu ;
chacun emporte comme une relique, comme un talisman, un des
brins de la frange de ses habits. Le saint cherche en vain à se sous-
traire à ces honneurs, à ces hommages ; il faut qu'il les subisse
malgré lui.

A son retour en France, tandis qu'il repassait les Alpes, les pâtres,
les bouviers, tous les gens de la campagne accouraient au devant
de lui du haut de leurs rochers ; tous s'écriaient de loin en deman-
dant sa bénédiction : puis, grimpant à travers les gorges des mon-
tagnes, ils regagnaient les parcs de leurs troupeaux, heureux et
fiers d'avoir contemplé le saint, d'avoir obtenu la faveur de voir sa
main étendue sur eux et sur leurs enfants.

Ce fut pendant ces voyages que Bernard donna aux juifs un
témoignage bien touchant de sa bonté. La haine publique s'attachait
alors à eux ; on leur attribuait tous les maux de la chrétienté, on les
accusait de connivence avec les musulmans, on ne parlait que de
les massacrer et de confisquer leurs biens, et dans quelques villes
d'Allemagne, le fanatisme, entraînant les populations, fit suivre la
menace d'un prompt effet. Personne n'osait élever la voix en leur
faveur. Bernard seul prit leur défense, au nom de la justice et de
l'intérêt même des chrétiens. Aussi la chronique d'un juif contemporain lui rend-elle un magnifique témoignage, qui est le plus bel
éloge qu'on puisse faire de la tolérance de saint Bernard. « Ce
temps-là, dit-il, fut pour la maison de Jacob un temps de deuil et
de désolation. Le Seigneur Dieu se laissa fléchir par les gémisse-
ments de son peuple. Il suscita contre Bélial un sage nommé Bernard de Clairvaux. Ce religieux, selon leur manière de parler, les

apaisa et leur dit : « Marchez sur Sion, défendez le Sépulcre de notre
« Christ. Mais ne touchez pas aux juifs, et ne leur parlez qu'avec
« bienveillance ; car ils sont la chair et les os du Messie, et si vous
« les molestez, vous risquez de blesser le Seigneur dans la prunelle
« de son œil. » Ainsi parlait cet homme sage ; et sa voix était redoutable, car il était aimé et respecté de tous. Ils l'écoutèrent donc, et
le feu de leur colère se refroidit, et ils n'accomplirent pas tout le
mal qu'ils voulaient nous faire. Le prêtre Bernard n'avait reçu ce-
pendant ni argent ni rançon de la part des juifs ; c'était son cœur
qui le portait à les aimer et qui lui suggérait de bonnes paroles pour
Israël. Je te bénis, ô Adonaï, mon Dieu, car nous avions allumé ton
courroux, et tu nous as pardonnés et consolés en suscitant ce *juste*,
sans lequel nul d'entre nous n'aurait conservé sa vie. »

Chose inouïe, incroyable, quand il s'agit de choisir un général
pour la Croisade, un chef capable par son génie militaire de diriger
l'expédition, de commander la grande armée, tous les suffrages
désignèrent l'abbé de Clairvaux pour marcher en tête des officiers
et des soldats. Telle était la confiance qu'inspirait son nom ! On pen-
sait que pour attacher la victoire aux pas de l'armée il suffisait de
mettre l'armée elle-même entre les mains d'un homme qui partici-
pait en quelque sorte à la toute-puissance de Dieu, d'un saint. Bernard avait trop de sens pratique pour commettre la même faute que
Pierre l'Ermite. Il récusa avec effroi un poste d'honneur dont il se
reconnaissait parfaitement indigne, et qui du reste n'était point fait
pour lui. Il se hâta d'écrire au Pape, le suppliant de ne pas l'abandonner à la fantaisie et au caprice des hommes.

Bernard, après toutes ces missions, après toutes ces marches
triomphales, était heureux de rentrer dans le silence et l'oubli du
cloître, de retrouver sa chère abbaye de Clairvaux, ses frères bien-
aimés, qui n'étaient pas moins heureux de le revoir, de se jeter à ses
genoux, de l'embrasser, de causer avec lui, de le ramener avec eux
et au milieu d'eux. Chaque retour du saint était un jour de fête pour
la communauté.

Je ne vous ai pas encore parlé, messieurs, de la fameuse controverse d'Abélard et de saint Bernard. Elle se rattache à un côté spé-
cial de cette grande vie dont je cherche à reproduire les principaux
traits, à la lutte de saint Bernard contre les hérésies de son temps.

Abélard et saint Bernard étaient les chefs de deux grandes écoles qui représentent les deux tendances contraires de leur siècle. L'un représentait la philosophie et l'autre l'Église; l'un voulait la primauté de la raison humaine et l'autre admettait le principe de l'autorité divine. L'un représentait le libre examen et l'autre la foi. Tous deux en somme poursuivaient le même but, mais par des voies et des méthodes différentes. L'un avait pour devise : la raison par la foi (*fides quærens intellectum*); l'autre, la foi par la raison (*intellectus quærens fidem*). Tous deux poursuivaient l'alliance de la foi et de la raison, alliance recherchée par les grands hommes de tous les siècles, alliance nécessaire, car la foi et la raison ne sont pas deux ennemies, deux inconnues, mais deux sœurs nées du même père; l'une est la sœur aînée et l'autre la sœur cadette; où la raison finit la foi commence.

C'était le beau moment de la scolastique. On se passionnait alors pour les débats de l'école. Nul n'y demeurait étranger. Il n'y avait que des *réalistes* ou des *nominalistes*. Abélard avait pour lui son talent et ses succès. Il était l'idole de la jeunesse. La montagne Sainte-Geneviève, où il enseignait, le quartier latin, est encore tout plein de son souvenir et de celui d'Héloïse, dont le nom est inséparable du sien. Chaque jour voyait s'accroître le nombre de ses disciples ; il en venait de tous les points de la France et de l'Europe, de la Bretagne, de l'Anjou, du Poitou, de la Gascogne, de la Normandie, de la Flandre, de l'Allemagne, de la Scandinavie. La parole du maître était regardée comme un oracle. Abélard se laissa entraîner ; il alla plus loin qu'il ne le voulait et côtoya les abîmes, car, ainsi que le remarque très-bien Victor Cousin, il n'est ni tout à fait orthodoxe, ni tout à fait hérétique, mais beaucoup plus voisin de l'hérésie que de l'orthodoxie.

Bernard vit le danger ; les erreurs que portait en germe la doctrine d'Abélard, erreurs dont son disciple Arnaud de Brescia devait tirer les conséquences politiques et socialistes, n'échappèrent point à l'œil vigilant et perspicace de l'abbé de Clairvaux. Il fut le premier à les dénoncer. Abélard se récria, protesta, en appela au concile, et il fut décidé qu'un concile, réuni à Sens, l'absoudrait ou le condamnerait après l'avoir entendu. Saint Bernard fut chargé de soutenir le débat avec Abélard et contre lui. La seule annonce d'une controverse publique entre les deux plus célèbres personnages du temps excita au plus haut degré la curiosité et l'intérêt de la France entière. Cette lutte promettait un spectacle émouvant. L'assistance devait être des plus brillantes. Le roi lui-même voulut, avec les seigneurs de sa cour, être témoin de ce grand tournoi religieux, philosophique et littéraire. Au jour indiqué, tout ce que le pays aussi bien que l'Église renfermait de plus illustre accourut à Sens, vint se réunir dans l'enceinte sacrée aux prélats et aux Pères du concile.

Abélard devait tout d'abord présenter sa justification. Que va répondre Bernard? Comment parera-t-il les coups de son redoutable adversaire, de ce maître armé de toutes pièces? Ne succombera-t-il pas sous le poids des arguments du grand dialecticien? C'était le combat de David et de Goliath. Bernard n'avait point accepté sans crainte ce duel en champ clos ; mais il avait confiance, parce qu'il savait que la cause qu'il allait défendre était celle de Dieu et de l'Église, et que Dieu ne l'abandonnerait pas. Abélard se lève. A peine a-t-il prononcé quelques mots que, contre toute attente, il se trouble, balbutie et s'égare. Il était désarmé, vaincu. Bernard n'eut pas de peine à triompher du géant abattu. Abélard fut condamné, mais dans ses écrits et non dans sa personne. M. de Rémusat et tous les admirateurs passionnés d'Abélard se sont élevés contre cette sentence ; ils l'ont attribuée à la seule influence de saint Bernard et la lui ont reprochée comme une œuvre de haine, de vengeance et de persécution. Non, messieurs, Bernard n'avait point de haine dans le cœur. Impitoyable pour les erreurs, il savait ménager les personnes ; sa maxime était que la foi se persuade, mais ne s'impose pas : *Fides suadenda est, non imponenda*. Il ne fut point le persécuteur d'Abélard, pas plus que Bossuet ne devait être plus tard le persécuteur de Fénelon. On a comparé, non sans quelque raison, saint Bernard à Bossuet ; on l'a appelé le Bossuet du douzième siècle. Comme Bossuet, saint Bernard ne vit et ne voulut que la vérité, et aussi comme Fénelon, Abélard eut le mérite, je dirais presque la gloire, de se soumettre, de se rétracter et de mourir dans le sein de cette Église qui l'avait vu naître, qui l'avait nourri, élevé, qui l'avait fait ce qu'il était.

Il me reste à vous dire un mot des amitiés de saint Bernard. Quels amis que les Suger, les Pierre le Vénérable, les Bernard de

Pise ! Suger, ce ministre si intègre et si populaire ; Pierre le Vénérable, le grand réformateur de Cluny ; Bernard de Pise, l'enfant de Cîteaux, l'élève de saint Bernard, avant de s'asseoir sur le trône pontifical sous le nom d'Eugène III. Saint Bernard a été aimé comme personne, et personne ne méritait de l'être comme lui. Voulez-vous savoir les sentiments qu'il inspirait à ses amis ? Écoutez l'abbé de Cluny : « Si cela m'était possible, mon cher Bernard, et si Dieu le voulait, j'aimerais mieux vous être soumis par les liens les plus forts que de régner sur l'univers. Ne doit-on pas préférer à tous les biens de la terre le bonheur de demeurer avec vous ? Non-seulement les hommes, mais les anges en seraient heureux. En fait de lettres, je n'en ai jamais reçu de plus agréables que celle que vous venez de m'écrire. Dès qu'on me l'eût remise, mon cœur fut saisi, et quoique il se sentît animé déjà d'une grande sympathie pour vous, il devint encore plus chaud à la lecture de ces pages d'où volaient dans mon cœur toutes les ardentes étincelles du vôtre. »

Ces grandes, ces belles amitiés firent la joie et l'ornement de sa vie. Elles le soutinrent, le consolèrent dans l'épreuve réservée à la fin de ses jours. La Croisade qu'il avait prêchée, dont il s'était fait l'apôtre, du succès de laquelle il s'était en quelque sorte porté garant, ne réussit point. Cet échec retomba sur lui. Il se fit un revirement subit dans l'opinion publique, aussi prompte à le blâmer qu'elle l'avait été à l'exalter. A la saison des honneurs succéda, pour employer le langage de saint Bernard lui-même, la saison des disgrâces. On murmura, on alla jusqu'à le traiter d'imposteur, de faux prophète. Mais ce n'était point encore là le coup le plus terrible. Il eut la douleur de voir ses propres disciples l'abandonner, se tourner contre lui. Un moine de Clairvaux, un homme qu'il avait nourri de sa parole, comblé de sa tendresse, un homme de son intimité, auquel il confiait ses plus secrètes pensées, sa correspondance et le succès des plus importantes négociations, le moine Nicolas, le trahit, le compromit en face de toute l'Église. Bernard fut admirable de résignation et prononça ces magnifiques paroles : « S'il faut absolument que l'on fasse une de ces deux choses, de murmurer contre Dieu ou contre moi, j'aime mieux voir les murmures des hommes tomber sur moi que sur le Seigneur. Ce m'est un bonheur que Dieu daigne se servir de moi comme d'un bouclier pour le couvrir. Les coups de langue déchirants des calomniateurs, les dards empoisonnés des blasphémateurs, je les reçois volontiers sur moi, si je puis empêcher ainsi qu'ils n'arrivent jusqu'au Très-Haut. Je ne refuse pas d'être humilié, pourvu qu'on n'attaque pas sa gloire. » Ce fut alors qu'il composa son *Apologie* et son fameux traité de la *Considération*, adressé au pape Eugène III, traité qui est, pour ainsi dire, sa profession de foi et son testament, car il date des dernières années de sa vie.

Saint Bernard allait descendre dans la tombe où l'avaient déjà précédé ses plus illustres, ses meilleurs amis. Sa santé déclinait de jour en jour ; il ne lui restait plus que le souffle, mais ce souffle devait encore produire des miracles. La ville de Metz était alors le théâtre de scènes lamentables. Les bourgeois et les nobles, depuis longtemps en mésintelligence, avaient fini par rompre ouvertement; on avait pris les armes de part et d'autre ; c'était la guerre civile ; le sang coulait à flots. Vainement l'archevêque de Trèves avait essayé de s'interposer. La médiation de Bernard pouvait seule arrêter l'effusion du sang, amener une réconciliation entre les partis. . Le saint rassemble ses forces épuisées, se lève de son lit de mort et part. Arrivé à Metz, il peut à peine se faire entendre ; on refuse de l'écouter. Il obtient seulement que les hostilités soient suspendues jusqu'au lendemain, espérant que la nuit porterait conseil. Le lendemain, en effet, à la pointe du jour, il voit venir à lui une députation des principaux habitants de la ville. C'étaient les chefs des partis ; ils tombent à ses genoux et se déclarent prêts à accepter tout ce qu'il voudra. La victoire était complète ; Bernard pouvait retourner à Clairvaux et y mourir en paix. A peine rentré au monastère, il rendit le dernier soupir, entouré de toute sa famille monastique, entre les bras de ses frères, de ses enfants bien-aimés qui pleuraient et dont la douleur lui arrachait des larmes. C'était le vingt-unième jour du mois d'août 1153 ; le saint était âgé de soixante-trois ans ; il y avait trente-huit ans qu'il exerçait les fonctions d'abbé. Il laissait, pour perpétuer sa mémoire et son œuvre, cent-soixante monastères fondés dans toutes les contrées de l'Europe et même en Asie, et plus tard on compta jusqu'à huit cents abbayes issues et dépendantes de Clairvaux. Sept cents moines, nous dit son biographe, entonnèrent aussitôt les chants funèbres, interrompirent le silence du désert pour annoncer au monde la mort de saint Bernard. Son corps fut enseveli dans un sépulcre de pierre, à Clairvaux, devant l'autel de la sainte Vierge, pour laquelle il avait, vous le savez, un culte de prédilection.

La renommée de saint Bernard, déjà si grande de son vivant, devait encore grandir après sa mort. L'Église fut la première à consacrer le souvenir immortel de celui de ses enfants qui l'avait le plus aimée et le plus glorifiée. Vingt et un ans s'étaient à peine écoulés depuis que saint Bernard n'était plus, et le pape Alexandre III, ce même pontife qui devait pendant son exil en France poser la première pierre de Notre-Dame de Paris, lançait dans l'univers catholique la bulle solennelle de canonisation.

Saint Bernard a compté de nombreux admirateurs dans tous les siècles et sous tous les climats, en France comme en Allemagne, en Italie et en Espagne comme en Angleterre et en Suède. La chaîne de ses biographes depuis Guillaume de Saint-Thierry jusqu'au Père Ratisbonne se compose d'une multitude d'anneaux dont la réunion forme un imposant, un magnifique témoignage, un concert unanime de louanges. Tantôt saint Bernard nous apparaît comme le Père et le Docteur de l'Église, tantôt sous la figure allégorique de l'Alcide mystique, du lion de Samson, du lion du désert, dont la bouche distille le miel. Les protestants eux-mêmes n'ont pas été les derniers, les moins empressés à lui rendre hommage. Luther et Calvin le placent à la tête des docteurs de l'Église. Calvin va jusqu'à dire que la vérité semble parler par sa bouche. Ces éloges, il est vrai, ces hommages ne sont pas complétement désintéressés. Les protestants, les Allemands surtout, et parmi eux les Néander, les Ellendorf, veulent faire de saint Bernard un des leurs, le précurseur de la Réforme. Cette prétention, messieurs, n'est point justifiée ; je dirai même qu'elle est contraire à la vérité. Saint Bernard serait le premier, s'il le pouvait, à protester contre une pareille interprétation de sa vie et de sa doctrine. Sans doute il prêcha partout et toujours la réforme du clergé, la réforme des abus, de la simonie, des mœurs et de la discipline. En cela il ne faisait que suivre la tradition universelle, constante de l'Église, des papes et des conciles. Mais jamais il ne prêcha et n'eût prêché la réforme des dogmes ; jamais il n'eût consenti à se séparer de Rome, centre et foyer du catholicisme.

Saint Bernard appartient à la France; il est une de nos gloires nationales. Nous devons, nous Français et catholiques, rendre à cette grande et noble figure ses véritables traits. Je tenais pour ma part à m'acquitter de ce devoir.

J'aurais voulu, messieurs, avoir le temps de faire passer sous vos yeux tous les jugements portés sur saint Bernard par les plus grands génies dont s'honore la France et l'humanité, jugements qui sont la voix de la postérité et de l'histoire. Je ne vous en citerai que deux : le jugement de Bossuet et celui de M. de Montalembert.

« Dieu n'oublia pas la France, dit Bossuet; au milieu de la barbarie et de l'ignorance, elle produisit saint Bernard, apôtre, prophète, ange terrestre par sa doctrine, par ses miracles étonnans, et par une vie encore plus étonnante que ses miracles. C'est lui qui réveilla dans ce royaume et qui répandit dans tout l'univers l'esprit de piété et de pénitence. Jamais sujet ne fut plus zélé pour son prince; jamais prêtre ne fut plus soumis à l'épiscopat; jamais enfant de l'Église ne défendit mieux l'autorité apostolique de sa mère l'Église romaine [1]. »

Le comte de Montalembert, lui aussi, s'était senti attiré vers saint Bernard. Quand il écrivait sa belle histoire des *Moines d'Occident*, il avait en vue le plus grand des moines du moyen âge. Les *Moines d'Occident* n'étaient, si je puis m'exprimer ainsi, que la préface de la vie de saint Bernard, que le piédestal sur lequel devait s'élever la statue. Nous pouvons juger par le piédestal de ce qu'eût été la statue. La mort est venue surprendre l'auteur avant que l'œuvre ne fût achevée. Une page toutefois a été retrouvée; c'est un jugement général sur saint Bernard; elle appartient aux œuvres posthumes, aux fragments d'une histoire de saint Grégoire VII. La voici :

« Avant de mourir, le grand pape à qui l'Église devait la paix, Calixte II, put voir sortir de l'ordre naissant de Cîteaux et se lever à l'horizon, comme un astre sans rival, ce Bernard qui devait pendant trente années animer et purifier l'Église de son souffle, l'éclairer par sa doctrine, la transporter par son éloquence, parler aux papes en docteur, aux rois en prophète, aux peuples en maître, venir en aide à la papauté de nouveau menacée, dissiper le schisme, con-

---

1 Sermon sur l'unité de l'Église.

fondre dans Abélard la raison insurgée, mériter le surnom de vengeur de la liberté ecclésiastique et conduire l'héritier d'Henri V, le petit-fils d'Henri IV, aux pieds d'un empereur armé de toutes pièces pour l'Église. »

Quelle page, messieurs! Quelle ébauche d'une vie de saint Bernard! Je la comparerais volontiers au bloc de marbre d'où est sorti le *Moïse* de Michel-Ange.

FIN

212